7日間で太もものすき間ガン開きしれっとヤセてく魔法の脚ヤセ

なるねぇ

なるねぇが自分の脚の太さに悩みはじめたのは中学生のとき。中学生時代から陸上をやっていたから脚は筋肉質でムキムキ！しかも部活をやめたら筋肉の上に脂肪が重なって、まさにそれは筋肉と脂肪のミルフィーユ！地元の男友だちに「お前の脚、どんどんゾウみたいになっていくな」と言われたときはめちゃくちゃショックで、そこから脚ヤセを決意したの。

Oh my god

だって、
脚が細くキレイになれば、
Tシャツとデニショだけでも
おしゃれに見えるやん？

それって理想的すぎない？そう思ったんだよね。

最初にはじめたのは筋トレ。そしたらね、筋肉と脂肪のミルフィーユにさらに筋肉が重なって、もはや筋肉×脂肪×筋肉の三重奏。ヤセるための筋トレが逆効果になるなんて思いもしなかったけど、初心にかえって今度はストレッチとマッサージを研究した。そしたらだんだんと脚が細くなりはじめた。

筋トレすればヤセるわけじゃない、そう気づいた20歳のなるねぇはさらに脚ヤセの研究を続けて、脚ヤセに夢中になった結果……そう、そうなんです。

しれっと全身がヤセてた!!!!!!

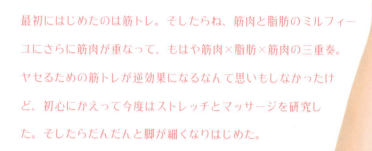

やみくもに
がんばることをやめて、
寝ころんでスマホを
見ながらやるだけで
しれっと脚ヤセしてて、
しかもその脚ヤセを
がんばってたら
全身までしれっとヤセてた。

"しれっと"って最高じゃない？

この本でみんなに
伝えたいことは、
ヤセることに
すごいがんばって
ほしいわけじゃないってこと。
努力してほしいわけじゃ
ないってこと。

むしろがむしゃらにがんばることをやめて、
きちんと努力することをやめて、
自分にダイエットしていることが
バレない程度にがんばってほしい！
無理なダイエットは続かないけど、
ヤセるためには続けなくちゃいけない。

**続けるためにはいかに
自分にバレないように
さぼりながら
ダイエットするかがカギ！**

今日はこれだけでいいの？

いいんです！続けられることを
ちょっとだけ続ければ、
絶対ヤセる！

\ Enjoy! /

なるねぇは、
今日よりカワイイ
明日の自分を
目指すみんなを
笑顔で応援します！

そしてこの本は、
そんなみんなにとっての
お守り本になるようにって
思いをこめてつくりました。

だから、しれっと参考にして、
しれっとヤセてください♡

CONTENTS

- P2 　どーも、なるねぇです！
- P10　ポジティブダイエッターに
　　　 なるまでの人生STORY

CHAPTER 1

食べるものと食べ方を
変えればヤセられるの巻

- P16　食べれば食べるほどヤセる♡
　　　 ポジティブレシピ5選
- P20　食べるだけでいいことづくし♡
　　　 なるねぇ的キレイの味方になる
　　　 最強食図鑑
- P22　お酒＆スイーツを愛する
　　　 ポジエッターに捧げる♡
　　　 食べるための置き換え戦術
- P24　食べたら出して健康的にヤセよ
　　　 うんぴっぴ運動GOGO!!

CHAPTER 2

生きているだけで勝手に
ヤセる体づくりの巻

- P28　だいたいこんな風に過ごしてる〜♪
　　　 とある日のなるねぇルーティン
- P32　お風呂タイムをダイエットに
　　　 役立てれば一石二鳥♡
　　　 ヤセる入浴

CHAPTER 3

キュッとしたフェイスラインでモテ度UPの巻

- P36　1日たったの3分で♡　即効果大！
　　　 顔ヤセソーラン節 徹底解説
- P38　デート1時間前でも間に合う♡
　　　 小顔サギテク3
- P40　キレイをつくる朝と
　　　 夜のスキンケアの秘密♡

なるねぇのポジティブ金言

- P15 食べるから太るんじゃない！食べるものがやばいから太る！
- P26 なりたい自分に主集中！
- P35 好きピも脂肪も私がオトす♡
- P43 小さいことの積み重ねしか勝たん♡
- P83 待ってろよ！今日よりカワイイ明日の自分！

CHAPTER 4 脚

みんなが知りたい脚ヤセの科学を解剖するの巻

- P44 なるねぇ直伝♡ 地獄から天国に行ける8分間 **足パカソーラン徹底解説**
- P50 結局、全身ヤセにはコレしか勝たん！ **なるじぃダイエット解説**
- P56 **太ももヤセ集中エクササイズ**
- P60 **ふくらはぎヤセ集中エクササイズ**
- P64 **ヒザまわりヤセ集中エクササイズ**
- P66 **お尻ヤセ集中エクササイズ**
- P70 たったこれだけ♡ 今日はやる気ほぼゼロな日にオススメの **1分ずぼらエクササイズ**
- P72 たったこれだけ♡ 今日はやる気ちょこっとな日にオススメの **2分ずぼらエクササイズ**
- P74 たったこれだけ♡ 今日はやる気なくはないな日にオススメの **3分ずぼらエクササイズ**
- P76 ウチらには見せびらかしたい栄光のビフォアフ写真がある！ **#しれっとヤセグランプリ**

CHAPTER 5 考

ポジティブ思考こそキレイをつくる最高のツールの巻

- P84 ダイエットからプラベまで♡ いろんな質問でなるねぇをまるはだか **なるねぇのアレコレを知る100のQ&A**
- P90 Long Interview なるねぇのちょっと長いけど **みんなに話したい本音と軌跡**

- P94 おわりに

STAFF

プロデュース／なるねぇ　マネージメント／まいまい
アートディレクション＋デザイン／福村俊里（slash）、伊藤裕美（midoriya）
イラスト＋漫画／たけみぞ　写真／橘木隆貴（will creative）　衣装／郡築茉莉枝
ヘアメイク／吉田美奈（B★side）、サイオチアキ（Lila）　校正／東京出版サードセンター
編集／安藤陽子、佐々木敏之助（KADOKAWA）
SPECIAL THANKS／ポジエッティ

衣装協力
ユヌマンション

CHAPTER 1
食

食べるものと食べ方を変えればヤセられるの巻

ダイエットと〝食〟は切っても切れない関係♡
なるねぇ直伝の食に関する考えやレシピをいろいろとお届け！

なるねえの ポジティブ金言 1

食べるから太るんじゃない！
食べるものがヤバいから太る！

食べない
がまんは
ダイエットの
大敵！

\ 食べれば食べるほどヤセる♡ /

ポジティブレシピ5選

おいしくてヘルシーな料理はダイエットの強い味方♡
なるねぇの推しメニューをプロのコメントつきでご紹介！

毎日食べても
あきないもの
ばかり

管理栄養士
牧野直子先生　監修つき♡

PROFILE
スタジオ食（くう）主宰。料理研究家として料理提案、料理制作を行うほか、管理栄養士としての観点から、栄養やダイエットに関する講演活動や、栄養指導も行っている。日本肥満学会会員。日本食育学会会員・評議員。女子栄養大学生涯学習講師。

Recipe1
☐ 1.SHIRATAKIBIBINMEN

Recipe2
☐ 2.SHIBONENSHOSOUP

Recipe3
☐ 3.TORIKYU

Recipe4
☐ 4.OTOFUCHAZUKE

Recipe5
☐ 5.YAKIYAKICHEESE

☐ 1.SHIRATAKIBIBINMEN
☐ 2.SHIBONENSHOSOUP
☐ 3.TORIKYU
☐ 4.OTOFUCHAZUKE
☐ 5.YAKIYAKICHEESE

16

Shiratakibibinmen

全部で約 **250** カロリー

1. しらたきビビン麺
ウマすぎてビビる♡

材料
酢…大さじ2
しょう油…大さじ1
ごま油…大さじ1/2
砂糖…大さじ1/2
白ごま…お好みで♡

しらたき（糸こんにゃくでもOK！）…1袋
きゅうり…適量
サラダチキン…適量
ゆでたまご…1個
キムチ…適量

HOW TO
1. 酢、しょう油、ごま油、砂糖、白ごまをまぜる。
2. しらたき（軽くゆでてもOK）を①の中にin！
3. きゅうりとサラダチキンを手でちぎってトッピング。
4. ゆでたまごとキムチを最後にのせて完成！

牧野先生's comment
糖質の多い麺を低エネルギーで糖質が少なく、食物繊維が豊富なしらたきに変えることで、腹もちのする1品に。本来のビビン麺の約半分のエネルギーに抑えられています。

満腹感があって腸内環境も整う♡

3. とりキュー
簡単すぎてゴメンね

Shibonenshosoup

材料
- 鶏胸肉…100g
- きゅうり…1本
- たたききゅうりの素…1袋
- ごま油…大さじ1
- 白ごま…適量

HOW TO
① シリコンスチーマーに鶏胸肉を入れて、600Wで5分レンチン♡
② きゅうりと熱した鶏胸肉は手で好きな大きさにちぎる。
③ ②とたたききゅうりの素、ごま油、白ごまとまぜまぜして完成！

牧野先生's comment
鶏胸肉は皮をのぞけば鶏ささみ同様、低脂質、高たんぱく質な食材。キュウリは野菜の中でも水分が多く、低エネルギー。ゆっくり食べることにもつながり、満腹感も得られます。

全部で 約 175 カロリー

---

2. 脂肪燃焼スープ。
腸活もできてお得！

Torikyu

材料
- 水…400cc
- キムチ…スプーン2杯
- カットわかめ…スプーン1杯
- たまご…1個
- 豆腐（絹ごしがオススメ！）…150g
- しょう油…小さじ1／2
- 鶏ガラスープの素…小さじ1／2

HOW TO
① お鍋に水を入れて火をつける！
② カットわかめ、キムチを①にinする。
③ さらに豆腐も手でちぎってinする。
④ しょう油と鶏ガラスープの素を入れる。
⑤ 最後にたまごを落としてふわっとまぜて完成！

牧野先生's comment
体が温まるスープは体温を上げ、エネルギーの代謝を促します。また、たまごは手軽にとれるたんぱく質源で、脂質の代謝を促すビタミンB2が豊富。もち麦ごはんを加えてもよさそうです。

全部で 約 245 カロリー

きゅうりは大きめだと食べ応えあり♡

栄養バランスがよくて美肌効果も大♡

- 1.SHIRATAKIBIBINMEN
- 2.SHIBONENSHOSOUP
- 3.TORIKYU
- 4.OTOFUCHAZUKE
- 5.YAKIYAKICHEESE

4. おとうふ茶漬け

日本の味ってやっぱ最高！

材料
豆腐
（絹ごしがオススメ！）
お茶漬けの素
梅干し　1個

HOW TO
❶ 豆腐の上にお茶漬けの素をかける。
❷ お湯を適量入れて、豆腐をスプーンで崩す。
❸ 最後に梅干しを on して完成！

牧野先生's comment
糖質の多いごはんを低エネルギー、低糖質、高たんぱく質の豆腐に置き換えてヘルシーに。豆腐には女性に不足しがちなカルシウムや女性ホルモンと似た働きをする大豆イソフラボンが含まれています。

全部で約 100 カロリー

Otofu chazuke

---

5. 焼き焼きチーズ

小腹がすいたら迷わずコレ

全部で約 160 カロリー

Yakiyakicheese

材料
好きな味のさけるチーズ
（なるねぇ的にはスモーク味ととうがらし味がオススメ！）

HOW TO
❶ さけるチーズを 1cm ぐらいに包丁でカット！
❷ フライパンで両面こげるくらいに焼く
❸ 伸ばして食べると、めちゃウマ♡

牧野先生's comment
適度に脂質のあるチーズは少量で満足感が得られるうえ、女性に不足しがちなカルシウムも補えるというメリットがあります。

おやつ感覚で食べられるから好き♡

塩こんぶる入れてもおいしーよ♡

食べるだけでいいことづくし♡

なるねぇ的キレイの

ダイエット中でもおいしくごはんを食べて、きちんと栄養はとりたい♡ なるねぇ的オススメ食材をコメントつきでお届けします。

NATTO 納豆
納豆はダイエットしたいなら朝に食べるのがオススメ。ちなみに冷めた白ご飯にのせて食べると糖質が吸収されにくくなるよ。コチュジャンを入れてもうまい♡

CUCUMBER きゅうり
きゅうりってカロリーも栄養もほぼないって思われがちだけど、むくみ予防にもってこい！ もずく酢と一緒に食べると最高においしいから試してみて。

KIMUCHI キムチ
乳酸菌がたっぷりのキムチは、腸内環境をよくしてくれるからうんぴっぴ効果が絶大。しかも代謝もあがるし、いいことづくし。夏はそのまま、冬はお鍋にいれるよ！

BANANA バナナ
バナナは満腹感があるし、むくみにもすっごくいい♡ だから朝バナナにしてもいいし、夜中の小腹みたしにも最適。意外とカロリーはあるから1日1本で！

お酒&スイーツを愛するポジエッターに捧げる♡

食べるための 置き換え戦術

食べたい気持ちや飲みたい気持ちをがまんしすぎるのは、もはや毒♡
置き換え戦術でハッピーに食べるのがベスト！

memo

オートミールは食物繊維が豊富！ お米よりもカロリーが少ないのに腹持ちもいいって最高じゃない？

memo

麺ってツルツルしてておいしーよね！ でも糸こんにゃくかえのきに変えれば、ツルツル感はそのままでヘルシー♡

memo

同じパンでも全粒粉は食物繊維とカルシウム、あとビタミンがたっぷり。つまり健康的だからダイエットにもよき♡

甘いものを食べたくなったら、食べてヨシ♡
飲みたい日は、飲んでヨシ♡
何を口にするか……を
考えれば、オッケー！

バニラアイス	白砂糖	ビール
× 	× 	× 

これに置き換え！ ↓

氷アイス	てんさい糖	ハイボール
○	○	○

memo
乳製品が使われていない氷アイスは、スッキリした甘さ&低カロリー。アイス界のダイエッターといって過言ではなし♡

memo
てんさい糖にはオリゴ糖が入っているからお腹の調子がグッとよくなる♡ 天然の甘さもなんかいいよね！

memo
ハイボールはビールに比べて断然、糖質が少ない！ シュワッと感は変わらないから乾杯はこちらで♡

パンケーキ	プリン	鳥のから揚げ
× 	× 	× 

これに置き換え！ ↓

シュークリーム	フルーツゼリー	ささみ焼き
○	○	○

memo
パンケーキにもシュークリームにも卵や小麦粉が使われているけど、密度がシュークリームのほうが少ないからカロリーも控えめ♡

memo
フルーツたっぷりのゼリーは甘くて食べ応えがあるのにプリンよりもカロリーが約1/3って信じられないけど、真実！

memo
脂質の低いささみは高たんぱく質でダイエットにピッタリ♡ 焼くだけなら使う油も少ないし一石二鳥って感じ！

23

食べたら出して健康的にヤセよ うんぴっぴ運動GOGO!!

覚えておいて損はなし!

まずはうんぴっぴボタンの位置をチェック!!

うんぴっぴボタンはココ!!
左の骨盤の内側、ちょっと下あたり♡

おなかの中には約2kg〜3kgのうんぴっぴたちが生息しているので、反抗期がきたら大変! 食事制限や筋トレしてもヤセないって人はとりあえずこれ、しとこ。うんぴっぴ運動しか勝たん!

1 うんぴっぴボタンをグリグリ押す！

自分から見ておなかの左下の骨盤の内側にあるうんぴっぴボタンをグリグリ押す！

2 上下に押すことで効果UP！

ただ押すだけじゃなくて、上下にゴリゴーリと押しまくる。「腸さんいつもありがとう♡」と腸への感謝も忘れずに！

くり返すこと2分!!!

3 やさしくおなかにのの字♡

やさしくおなかにのの字を書く！　手のひらをすべらすようにやさしく♡　そのあとまた①に戻る。

押すタイミングに要注意！

押してすぐ出る人や、押して数時間後に出る人、夜押したら朝出る人といろんなタイプがいるけど、おでかけ前や学校ではこの運動をするのは危険！　お風呂の中でボディソープをすべらせながらプッシュするのが GOOD ♡

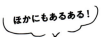 ほかにもあるある！

15万人のフォロワーさんに聞いた、うんぴっぴバイバイテク！

出てくだ さーい♡

①白湯、梅白湯、レモン白湯、コーヒーなど温かい飲み物を摂取♡

②サツマイモ、納豆、バナナ、ヨーグルト、りんごを食べる♡

③トイレをするときは足を組んで、ちょっと猫背な考える人のポーズを♡

なるねえの ポジティブ金言 2

なりたい自分に全集中！

CHAPTER 2
習慣

生きているだけで勝手にヤセる体づくりの巻

楽してヤセるためには日々の習慣を変えることがいちばん近道。
ということで、なるねぇの習慣をチェック♡

とある日の

だいたいこんな風に過ごしてる〜♪

毎日忙しそうななるねぇの1日ってど

おやつタイム — 小腹すいたぜ♡

『おやつはヘルシーな茎わかめにラブ♡　あとはクエン酸たっぷりな梅干しもいいし、栄養価の高いナッツもオススメだよ。』

ランチ — モグ♡ モグ♡

『遅めのランチはおにぎりとかライ麦パンを食べることが多いかな。炭水化物はとるなら昼って決めてる！　そのあと動けばいいし♪』

16:30　16:00　15:00　14:00

お散歩 — あっるこー あっるこー！

『お散歩のときは基本、無心で歩く（笑）。そうすると、ふとYouTubeのアイディアが舞い降りてくることもあるから不思議〜。』

YouTube撮影 — はいっ、なるねぇです！

『この日はYouTube撮影を♡　基本スマホで撮影してからパソコンで動画を編集するよ！　みんなに楽しんでもらえてるといいな。』

お風呂タイムをダイエットに役立てれば一石二鳥♡

ヤセる入浴

お風呂の時間もヤセるために有効活用するのが、なるねぇ流♡
お風呂グッズも教えちゃうので参考にどうぞ。

ゲビー！

約40℃のお湯に 15分以上つかる♡

お湯の温度はあつすぎず、ぬるすぎずの40℃くらいが私的にベスト。半身浴で15分〜30分しっかりとつかることで血流がアップ♡

ふ〜♡

入浴前に お水を飲む♡

入浴前にコップ1杯のお水を飲むと、老廃物がたくさん出てくれるよ♡ 冷たいお水だと体が冷えるから常温とか白湯がオススメ！

湯船の中で 足首を回す♡

老廃物は下にたまりやすいから、湯船の中で足首を30秒間ぐるぐるするとめぐりがよくなる！ これをするだけで体もポカポカだよ♡

ぐる

ぐる

リアルに
使ってる
よーん！

とにかく香りが大好きだから、癒され度は No.1！ 疲れた日やぐっすり眠りたい日は絶対にこれを使ってる♡

クナイプ
グーテナハト
バスソルト ホップ
&バレリアンの香り

BARTH RECOVERY
& TREATMENT
中性重炭酸入浴剤

足がむくんでる
なぁと感じた日
はこれの出番♡
重炭酸イオンが
含まれているか
ら、疲労回復に
もいいんだよ。

発汗作用がUPして
さらにさらに一石二鳥♡

なるねぇの
お風呂のおとも♡

エプソムソルト
シークリスタル

エプソムソルトは、硫酸マグネシウムっ
てやつで腸の動きを活発にしてくれる
からダイエット向きで美肌効果も大！

キュッとしたフェイスラインでモテ度UPの巻

なるねぇは、カワイイをつくる美容法にもこだわりがいっぱい。
知って得するネタばかりをラインナップ！

CHAPTER 3
美容

3 なるねえの ポジティブ金言

好きピも
脂肪も
私がオトす♡

START!

1日たったの3分で♡ 即効果大！ 顔ヤセソーラン節 徹底解説

フェイスラインが別人級に変わる！で話題の顔ヤセソーラン節。ソーラン節に合わせてテンションもブチあげよ♡

01
口をなるべく小さくすぼめて「う」→「い」の口にする。×5回！

02
次は「う」の口から「お」の口にする。×8回！

03
口の中で舌を大きく右回し→左回し…と4回くり返すよ！これで舌の筋肉が鍛えられる♡

04
もう一度口を「う」→「い」の動きをする。×5回！

05
ほっぺを思いっきり吸い込む。このとき、目は大きく見開いて♡

06
口の中で舌を大きく右回し→左回し…と4回くり返す。

07
またまた「う」→「い」の動きを5回！

08
ほっぺを思いっきり吸い込む。1回目のときより強い気持ちで！

なるねぇメモ

顔ヤセソーラン節をやるタイミングは、絶対に朝がオススメ☆ パンパンにむくんでも顔がスッキリするからメイクも楽しくなって一石二鳥。やったね、ラッキーって感じ♡

09
口の中で舌を大きく
右回し→左回し…と4回くり返す。
そろそろ疲れた？ でもがんばって♡

10
またまたまた「う」→「い」の動きを
今度は8回！「い」のときは
横にきちんと広げてね！

11
口の中で舌を大きく右回し→左回し
…と4回くり返す。しっかり大きくね♡

12
またまたまたまた
「う」→「い」の動きを5回。

13
さぁ、ほっぺを思いっきり吸い込んで！
目もこれでもかってぐらいに大きく♡

14
口の中で舌を大きく右回し→左回
し…と4回くり返す。
そろそろラストスパート！

15
最後の力をふりしぼって、
ほっぺを思いっきり吸い込む。

16
最後は「う」→「い」の
動きを8回やって、終わり♡

FINISH!

デート1時間前でも間に合う♡

(小顔サギテク3)

デートの前にパパッと顔が小さくなったら最高♡
なるねぇの秘密のサギテクで急なデートでも安心、かわいくGO！

サギテク1

耳をくるくる回して、引っぱる！

耳を回したり、引っぱったりすることで
顔全体の血行がよくなって、老廃物も流してくれるよ♡
まずは上から下に耳を回して、
最後に横に引っぱる！
これを30秒やるだけ♡

上にも下にもギューッ！

横にもギューッと引っぱる！

38

コメカミをグーリグリ♡

サギテク2
目のまわりをほぐして、押す！

目のまわりをグリグリとほぐすと目がパッチリ！
目が大きく見えると自然と顔も小さく見えるってワケ♡
目のまわりの筋肉はスマホの見すぎで
硬くなってることが多いので
念入りに30秒ずつ！

指の第二関節でギューッ！

サギテク3
「あー、うー」で梅干し運動！

簡単だけど顔筋を鍛えられるのが、梅干し運動！
やり方はとっても簡単で
顔全体の筋肉を使って「うー」としたあと、
思いっきり「あー」と顔をおっぴろげるだけ！
これは1分続けるとGOOD！

「うー」と思いっきり!!

「あー」も思いっきり!!

のスキンケアの秘密♡ 朝

アからひも解いてみたのでみんなもチェック、チェック！

(Step4)

最後はDのイニスフリーのクリームをつける。顔に5点置きしてからなじませると全体が保湿されていい感じ。

(Step1)

洗顔後すぐは、Aの無印の導入化粧液をいっぱい顔に吹きかける♡

(Step5)

手をグーにして第二関節あたりで、顔の輪郭をゴーリゴリ。心の中で「顔、小さくなーれ♡」と唱えながらね！

(Step2)

次にBのイニスフリーの化粧水を手のひらで顔に吸い込ませるようにつけるよ。つけたら手のひらで少しの間、顔を包み込む♪

(Step6)

リンパを流すために、鎖骨を指ではさんでさする。右をやったら、左も同様に♡

(Step3)

Cのシカパックで保湿♡ だいたい15分ぐらい放置するよ。パックしたままマッサージするのもあり！

Morning Skin Care

使用アイテムたち♡
USE ITEM

C
CICA × HYALON
シカデイリー
スージングマスク
シカ成分のおかげで乾燥知らず！肌荒れも少なく♡

B
イニスフリー
グリーンティー
シードスキン
さっぱりしてるのに、肌がグッとうるおう！

A 朝と夜
無印良品
導入化粧液
最初に使うと化粧水の浸透がよくなる気がする♡

キレイをつくる朝と夜

なるねぇって実はお肌もキレイ♡　その秘密をスキンケ

Night Skin Care 夜

(Step1)
お風呂を出る前にシャワーを鎖骨に当てて、血流をよくする！ これも小顔になるポイント♡

(Step2)
Aを使ってから、夜はEの3Dパックで贅沢に保湿♡ 美容液がヒタヒタだから首まで保湿されるよ。こちらもだいたい15分かな。あまった美容液を体にも塗るよ♪

(Step3)
Dのクリームをたっぷりめにつけてから、首のつけねを指でグイッと押したり、グリグリしたりする。

(Step4)
さらに首の横のお肉を指でつまんで、胸鎖乳突筋をほぐす！ 石原さとみさんがやってるって聞いてマネしてる♡

(Step5)
顔の皮膚だけじゃなくて、頭皮もほぐして小顔狙い！ 指の腹でグイグイと力強く押すよ。痛気持ちいいぐらいで♡

(Step6)
最後はFのまつげの美容液をまつげに塗って、フサフサまつげを目指すよ。そうすると目もパッチリするからね！

F ラッシュアディクト アイラッシュ コンディショニングセラム
毎日使い続けてたらまつげが長くなった気がする！

E 肌美精 超浸透3Dマスク エイジングケア保湿
特別な日の前日に使うと、お肌ピカピカ♪

D 朝と夜 イニスフリー グリーンティーシードクリーム
香りもいいし、テクスチャーも軽くて、肌しっとり！

みんなが知りたい脚ヤセの科学を解剖するの巻

なるねぇといえばやっぱり脚ヤセ、そして足パカソーラン♡
脚にまつわるエトセトラをたっぷりとご紹介。

CHAPTER 4
脚

なるねえのポジティブ金言 4

小さいことの
積み重ねしか
勝たん♡

なるねえ

START!

\足パカ/
02

片足ずつ、足を折り曲げて
エア自転車こぎ運動をする。
片足8回ずつ♡

\足パカ/
01

あお向けになって、両足を天井に向けて上げる。
そのまま足を左右に大きく広げて→閉じる
……の足パカ運動を7回する。

ASHIPAKA ▶────────────────▶ SORAN

\足パカ/
04

足を自分に近づけるとき、
足の裏同士で押し合うと
さらに脚ヤセ効果がアップ

足の裏同士をくっつけて、カエル足→
伸ばすのカエル足運動を5回。
終わったらリズムに合わせて
両足をトントン♡

\足パカ/
03

足を片方ずつ、左右にできるだけ
広げる片足パカ運動をする。
片足4回ずつ！

足を折り曲げて、ヒザをくっつけたら
片足ずつ横に倒すヒザパカ運動を9回！

15秒の休憩タイム♡　ストレッチをしてもいいし、
ゴロゴロするだけでもOK！

足パカ 07

（one）両足を折り曲げて
（two）まっすぐ伸ばして
（three）大きく広げる！
これを6回♡

終わったあとは♡
ストレッチ

01 あぐらをかいて、両手を両ヒザにおき、体をいい感じにひねる。気持ちいいぐらいでね♡

02 両手でかかとをおさえて、両ヒザを上下にブンブン♡これも気持ちいいなーと感じるぐらいでOK！

03 両手を肩においた状態で腕をぐるぐると回す♡肩甲骨をほぐす感じでやってみて時間はあまり気にせず、リラックスするまで♡

なるねぇメモ

ソーラン節で足パカやってるのって、笑えない？ 笑顔でやると顔ヤセ効果もあるしメリットだらけ！ 最近出たシン・足パカソーランは、休みがなくなって鬼！ 挑戦者求む♡

49

なるじぃダイエット解説

結局、全身ヤセにはコレしか勝たん！

誰かに見られたらちょっとハズかしいポーズばかりだけど効果は絶大♡やばくてすごっ！ってウワサ♡

POINT!!! ▶▶▶
リズムに合わせて
ゲーム感覚でやると楽しい♡

POINT!!!
この動きは頭をあげてやると
キツいので下を向いてOK!

POINT!!!
両手はしっかり床につけて
二の腕も鍛えるべし♡

覚えておくべきポーズ1 なるじぃ動き

POINT!!!
動きはゆっくりでいいから
丁寧かつしっかりと♡
▶▶▶

POINT!!!
体はなるべく低くキープ!
◀◀◀ そして低い位置のまま
左右の移動をする♡

POINT!!! ▶▶▶
最初は低くキープするのは
キツすぎるから山なりになっても大丈夫♡

なるじぃダイエットは
①から③の動きのくり返しになるので、
それぞれの動きをしっかりと
CHECKせよ！

覚えておくべきポーズ2　股関節ゆがみ取り

POINT!!!
ヒジでヒザを押しても
いいので、できるかぎり
ヒザはしっかり開く♡
▶▶▶

POINT!!!
ヒジはヒザの内側！
ヒザの上にはのせない
ように要注意♡
◀◀◀

POINT!!!
左右均等にヒザは開こう！　どちらかのヒザが開いてないのはゆがんでいる証拠！

POINT!!!
指先を足先にタッチするときはなるべくヒザは曲げないで♡
▶▶▶

POINT!!!
ウエストはできるだけしっかりとひねる♡
◀◀◀

覚えておくべきポーズ3　シュリケンお腹ひねり

POINT!!!
両手は大きく広げてダイナミックに！
▶▶▶

POINT!!!
◀◀◀ 自分の体がシュリケンになったつもりで動くとGOOD♡

01 約1分

両手を床について、腰をなるべく低い位置に落とした状態で片足ずつ伸ばす。
通称なるじぃ動きをゆっくりと40回♡

02

股関節のゆがみを取るために、
両ヒザを90度に外に向けて曲げながら
腰を低めの位置に落とすポーズで
約15秒～30秒キープ。
このとき呼吸は止めずに♡

01 を24回！

02 30秒キープ！

03

両足を広げて立って、右手を左つま先にタッチ、
左手を右つま先にタッチ♡
お腹のサイドをひねる、
これぞシュリケンお腹ひねりを
左右12回ずつ！

04

最後は10秒キープ！

FINISH!

03 左右8回ずつ！

02 30秒キープ！

02 15秒～30秒キープ！

01 を16回！

01 を24回！

01 を24回！

54

終わったあとは♡
ストレッチ

片足を伸ばして、伸ばした側の手で
足の指先をつかんで脇腹を伸ばす♡
反対側も同様にして、体の横側をストレッチ！

あぐらをかいて、両手で両足をつかんだまま
上体を前に倒すよ。
無理せず、できる範囲で体を伸ばして♡

なるねぇメモ ↓

ねぇねぇ、かまじいってさ、めちゃめちゃスタイルいいやん？ あのスリムボディの秘密はこれだったのかぁ！ って思いながらやるとなぞにモチベあがるぞ！ これ本当！笑笑

太もも ヤセ
集中エクササイズ

太ももを細くするには
内もも、外もも、前もも……
全方位をエクサ♡

ミニスカ＆ショーパンの似合う細くて
引き締まった太ももをつくるエクサで、
にっくき脂肪にグッバイ♡

内もも編

太もも上げ下げ

01 座って、片足を立てて、反対側の足の向こう側におく。手は内ももにあてておくことで、効いているかが確認できるよ♡

02 伸ばしてある足を上げ下げする♡ このとき内ももの筋肉が動いていることを確認してね！ 30秒やったら反対側も。

ヒザパカ

01 横になって、ヒザを直角にした状態で足をうかせるよ♡ ヒザを閉じているときは内ももに力をしっかり入れること！

02 今度はヒザをパカーッと開く。開いたそのまま10秒キープ。これを3回くり返すだけ！ 大事なのは内ももを感じること♡

カエル足前後運動

01 まずはカエル足をつくるよ♡ 太ももがキツいかもしれないけど、なるべく足は開いているほうが効果的！

02 カエル足のままお尻を後ろに下げると前ももが伸びーる♡ 次に元の位置に戻す、をくり返してね。背中がまるくならないように注意して30秒続けるよ。

終わったあとは♡ ストレッチ

内もものつけ根から、ヒザあたりまでしっかりとお肉をもみまくる。ギュッギュッと少し痛いぐらいの力で両足、30秒ずつ！

外もも編

ヒザ下ワイパー

02 / 01

30秒！ / 30秒！

反対側も同じようにして30秒キープ。
腰がうかないようにして、ヒザをなるべく
地面につけるのがポイントだよ♡

あお向けになって寝たら、足を少し開いた
上体でヒザを立てるよ。そのままヒザを
内側に片足ずつ倒して30秒キープ！

ハッピーベイビー

おヒザギュウ！

あお向けに寝て、両手で両足のかかとを持って
外側に広げる♡ お尻が伸びると外ももに
効くので、お尻の伸びを感じてね。これも30秒！

あお向けに寝たら、両ヒザを曲げて体によせる♡
このときヒザとヒザの間は少し開けて、
お尻が伸びるのを感じてね。このまま30秒！

終わったあとは♡
トントンタイム

疲れた筋肉をほぐしてあげるた
めに、外ももをトントンするよ。
力強くというよりはほどよい力
で細かくトントンするとグッド！

前もも編

股関節伸ばし①

両手をついて、片足はむねの下、片足はなるべく遠くに伸ばして上体を前に倒す！腰はそらないように股関節を伸ばして30秒キープ。反対も♡

片足は立てて、片足を後ろに折り曲げたら、その足先を手で持つようにして前ももを伸ばす！背筋はピンとさせたまま両足30秒ずつキープ。

股関節伸ばし②

ヒジをついてもOK！

あお向けに寝たら、片足を外側におり曲げて、その足裏を手でおさえるよ。なるべく足がペタンと床につくのが理想だけど無理はせずに♡これも片足30秒ずつ！

股関節伸ばし③

うつぶせに寝て、片足を折り曲げて、その足先を手で持つ。足をなるべく上のほうに引き寄せる感覚が正解！これも片足30秒ずつね♡

まだ余裕♡　と思った人は、足をなるべく上の方に引き寄せて、ヒザがうくようにするとなおよし！

ふくらはぎのかたさCHECK!
（足首ふくむ）

ふくらはぎの筋肉や足首がやわらかいほうがふくらはぎはヤセやすいので、まずはかたさチェックから♡
手を床に平行になるように伸ばしたまま、腰を落とすようにしゃがんで！
このときOK写真のようにできていればGOOD。かたい人は念入りにエクササイズしてね♡

なるねぇも最初はかたすぎて後ろに転がってたから、かたい人も安心して♡
コツコツ一緒にがんばろう！

スタートダッシュ運動

両手をついて、片ヒザを床について、片足は伸ばす。
クラウチングスタート的な感じで♡このとき伸ばした
足のかかとは浮かせておく。

上体を前に倒すようにして、
ふくらはぎをしっかりと伸ばす！
01と02の前後運動を片足30秒ずつ、くり返す♡

お山さん伸びー♡

両手、両足を床につけて体で山を表現する♡
最初はかかとが浮いている状態で大丈夫だよ。

01の状態のまま、かかとを床に近づけてふくらはぎを
伸ばーす！ なるべく床につけるぐらいが GOOD。
スピードはかけず、ゆっくり上げ下げを30秒♡

お山さん足バタバタ

お山さんポーズのまま、片足ずつ重心をかけて
足を上げ下げする。このとき、なるべくお尻の位置を
高くするとヒップアップにも効く♡

片足ずつ、足を上げ下げするのを
30秒続けるよー！ 両手をついているから
二の腕にも実は効いていて、いいとこどりー♡

62

足首グルグル

足の指と手の指を恋人つなぎにして、足首をぐるぐる回す。ゆっくりでいいから360度大きく、しっかりと回すこと♡ 足の指を広げることで血流もよくなって、一石二鳥なの。これも片足30秒ずつ！

ふくらはぎトントン

両手を後ろについて座ったら、片足のヒザの上にもう片方の足のふくらはぎをのせてトントン、コロコロ、スリスリとしてほぐす。ヒザを使ってふくらはぎをほぐせば道具がなくてもOK！ 片足30秒ずつやってね♡

＼おひまなときはふくらはぎマッサージをするもよし♡／

01

ボディクリームを塗ってから、くるぶしを指でゴリゴリと30秒ほぐす。痛気持ちいいぐらいの力で♡

02

ふくらはぎの筋肉に指を押し込むようにしてほぐす！ これも30秒！

03

ふくらはぎをグーの手でトントンと30秒、叩きまくる♡

04

ふくらはぎをぞうきんだと思ってしぼりあげる！ これは1分ね♡

05

ふくらはぎのお肉をすべて両手で上に流す♡ ここは30秒でOK！

06

ヒザの裏はゴミ箱♡ 最後にここを指でグイグイとほぐす。このマッサージは、お風呂上がりにやるとGOOD！

ヒザまわり ヤセ

集中エクササイズ

ヒザ肉って目立つし、案外がんこだからこまめにエクササすべし♡

ヒザまわりに
お肉があると脚全体の
バランスもNOグッド!
キレイなヒザで
美脚レベルも
あげてこー!

逆ヒザパカ

01 別名、スライディング土下座とも♡

うつぶせになって、手は体の横に楽におく♡
ヒザを浮かせた状態で足を曲げるよ。
かえる足のままうつぶせになった感覚で！

02 ついでに太ももウラとお尻にも効く

ヒザを浮かせたまま足をピーンと伸ばす！
この動きを15回……できるなら30回くり返せばOK♡
下腹に力をいれるとなおよし♡

ヒザまわりの肉よ、我が身から去れ!!

ヒザしぼり

01 ヒザの皿、現れよ〜!!

ヒザの皿がむきだしになるように、
ヒザまわりのお肉を上に引き上げる♡
ちょっと強めの力で10回〜15回！

02 ぞうきんだと思って！

ヒザ上のお肉を両手ではさんで、
ぞうきんのようにしぼりまくる！
力を入れすぎるとアザになっちゃうから要注意♡

お尻ヤセ集中エクササイズ

大きい小さいよりも プリッとあがった お尻がいいお尻♡

お尻が上を
向いていると
気分まで上向き♡
エクサをマスターして
デニム姿がバチッと
キマる美尻女子に
なろう！

お尻アタック

30秒!
上げ下げ♡

足を肩幅ぐらいに開き、
両ヒザを立ててあお向けになる。
両手は手のひらを下にして体の横におき、
お尻をグッと上げてキープ。
また下げてグッと上げてキープ……を30秒♡

40秒!　よいしょーっと!　01

片足を組んだ上体で、お尻を上げ下げ♡　片足を
組むことでお尻アタックよりもキツいけど、ファイト!

40秒!　ヒーハー!　02

お尻を下げるときは、床にお尻がギリギリつかないように
するとなおよし♡　そのほうがお尻に効果的だけど
ツラかったら床につけてもOK!　左右40秒ずつ!

バックアタック

40秒!　いっちにー　01

両手をついて四つんばいになって、
片足ずつ蹴り上げるようにしてお尻をアップする
エクササイズ♡　片足40秒ずついくよー!

40秒!　ゴーゴーゴー!　03

両手をついて四つんばいになるところまでは
01と同じ。ここでは足を横に上げていくよ!
これも片足40秒ずつ♡

うぉー!!　02

足は真後ろに上げるというより、斜め外に向けて上げるのがコツ。
効果アップをねらいたいなら、足を上で一度止める&下ろしたときに
ヒザを床につけないとGOOD。ツラかったら我慢せずに叫ぼ♡

バカーッ!　04

足を横に上げるときはお尻のサイドの筋肉を意識して!
ただ、お尻に集中しすぎて呼吸を忘れないように♡
かなりツラいけどくじけないでー。

カエルファイヤー

01 足の裏と裏をくっつけてあお向けになって、カエル足をつくる♡ 両ヒザはなるべく外側に向けて倒してね。

02 カエル足のままお尻を上げ下げ♡ お尻はグッと上げるのがポイントで、腰の力は借りずにお尻の筋肉を意識すること。この上げ下げを30秒！

カエル足引きつけ

01 うつ伏せに寝たら、足の裏同士をくっつけてカエル足に♡ そのまま足の裏をお尻に近づける。

02 カエル足のまま足を伸ばして、またお尻に近づける……をくり返すこと40秒！ 時々お尻を触ってちゃんと力が入っているかチェックするとグー♡

ウラ　　　オモテ

お尻トントン

次は、手をグーにしてお尻をトントン叩く。
痛い必要はないから振動させるぐらいで！
これも20秒♡

20秒!

お尻モミモミ

疲れきったお尻をほぐすために
両手でお尻を20秒モミモミして、
老廃物を流す♡

20秒!

ラストはゆるーくマッサージ＆ストレッチ♡

お尻伸ばし

30秒!

片足30秒ずつ、
じーっくり伸ばしてね。

お尻流し

20秒!

手の甲を使って、お尻の内側から外側に
お肉を流すイメージで20秒さするよ。

たったこれだけ♡
＼ 今日は**やる気ほぼゼロ**な日にオススメの ／

１分

ずぼらエクササイズ

ダイエットを毎日がんばるのはしんどい！だけど寝る前の1分ならがんばれる♡
スマホを見ながらコツコツがんばれば、美脚はすぐそこ！

あお向けになって、足はまっすぐ伸ばす。
ちょっとだけ下腹に力を入れておくのがコツ!

1分間くり返すだけ♡

足の裏と裏をなるべくしっかりとくっつけて、
カエル足にして自分に寄せる。
足を伸ばすときに息を吸って、寄せるときに息を吐く♡
太ももの血行がよくなって、むくみは取れるし、
下腹も同時にヤセていいことづくしな1分に!

たったこれだけ♡
＼ 今日は やる気ちょこっと な日にオススメの ／

２分
ずぼらエクササイズ

今日は何もしたくなーい！　そんな日は１ポーズでダイエットに必勝♡
２分間て長く感じるかもだけど、好きな音楽１曲分にも満たないよ。

好きな音楽を聴きながらがGOOD♪

あお向けに寝転んで、壁に足をたてかけて2分間キープ！
なるべく体が直角になることを意識すること♡
足先にたまった血液や水分が心臓に戻ることで、
むくみがスッキリとする充実した2分に！

たったこれだけ♡
今日は**やる気なくはない**な日にオススメの

３分
ずぼらエクササイズ

寝る前のちょっとの時間ならがんばれるかもっていう日は、3分だけエクサタイム♡
簡単な動きだから、癒し動画を見ながらでもOK！

1分×3ポーズ＝3分
ってあっという間で
ハードル低め

あお向けに寝転んで、
壁に足をたてかける。
つま先を直角に倒す→
伸ばすをくり返す♡
ふくらはぎの伸びを
感じるのが大事！

壁に足をたてかけたまま、
カエル足にして自分に寄せる→
伸ばすをくり返す♡
かかととかかとを押し合うように
力を入れて！

壁に足をたてかけたまま、
片方の足裏でもう片方の足を
なぞるようにフラミンゴ足に♡
左右交互にフラミンゴ足になれば、
美脚に近づく3分に♡

ウチらには見せびらかしたい栄光のビフォアフ写真がある！

#しれっとヤセグランプリ

誰にも気づかれずに「しれっと」ヤセたい！　だけど、ヤセた自分を誰かに褒めてほしい！　乙女心は繊細なんです。私にとっても、ポジェッティ（フォロワー）のみんながSNSに上げてくれるビフォアフ写真が日々の励みになっちょる！ということで、第1回しれっとグランプリ開催します。シェアしてモチベ上げてこ～♪

\エントリーナンバー/
① **なるねえ** (24歳) 福岡県出身

After **46**kg　　Before **57**kg

3ヶ月で
マイナス
11kg

#SIRETTO YASE GRAND PRIX

エントリーナンバー ② ばぁばさん(47歳) Instagram：@baba__dayo

After 48kg　　　**Before 85kg**

2020/12からなるねぇの動画をやり始め2022/7にはマイナス37kg！
なるねぇ効果で見た目体重のほうが軽く見られるし脚がキレイとか褒められるように
着たい服を着てオシャレを楽しめたり孫達と走り回って遊んだり本当に人生変わりました。
足パカソーラン、お腹ヤセソーラン、なるじぃ、下腹ヤセ…
このあたりは鬼リピ！ 毎日2動画を習慣にしました。今は自分なりのベスト体重をキープ中。
もちろんこれからもなるねぇと一緒に♡

なるねぇコメント

(ばぁばさん、後ろ姿から輝く自信がカッコよすぎる！
ずっと見ていたい....笑　プロフィールの、
【自分磨きに遅いはない】は私にも響きました！)

エントリーナンバー

③ みぃさん (38歳)　Instagram：@diet_mi_mi

2022年夏　　　　　　　　　　2021年春
After 49kg　　　　**Before 73kg**

 ←

2021夏にヒザが痛くなって、、MAXデブなのに今までにないぐらいの推しができて
これじゃ推しに会えない！と思い2021/9/17に開始。なるねぇや他のYouTuberさんの動画を主にやって、
食生活もガラッと変えてがんばって、2022/9/17には49kgになりました！
1年でここまで変われて、長男が幼稚園の時の先生やママたちにはどこで会っても気づかれず…ちょっとさびしかったけど、
気づかれないぐらい変われてるんだ！って思えて、すごく嬉しかった。推しに最前で会うまではダイエット(維持)がんばる！
子供たちの嫁に世話にならない老後を迎えることが最大の目標です。

なるねぇコメント

みぃさん、推しの力恐るべし！　まわりの人に気づかれない
くらい変わったのは、きっと見た目だけじゃなくて、
オーラも変わったからです！
自信に満ちあふれたオーラカッコいい！自慢のママだ…

#SIRETTO YASE GRAND PRIX

\エントリーナンバー/
④ さゆりさん (13歳) Instagram：@rena.rena662

10代拒食症克服中の中学生

After **46kg**　　Before **54kg**

腹筋線現れてくれて嬉しい。ヤセたら着たかった服も着れるようになりました。
"体を引き締めたい""体重を減らしたい"と思い本気でダイエットを始めた。
しかし食事を減らすという間違った方向へ進んでしまい、その結果食べることが怖いという思考に。お母さんに泣きながら、
「食べるのが大好きだったのに食べることが怖くて、どうしたらいいかわからない」と相談したことは忘れられません。
なるねぇの動画に出会って、エクササイズで腹筋線を育てながら、
ヘルシーにがんばりたいです。がんばったな！自分！

なるねぇコメント

さゆりさん、すごすぎる！ただ、ヤセるだけじゃなくて、
キレイに筋肉がついていて、努力したのが伝わってきた
アイドルだ！すごい
あと、1番にインスタ投稿してくれてありがとう！嬉しかった

#SIRETTO YASE GRAND PRIX

エントリーナンバー
⑤ ゆうりさん(28歳) Instagram：@yuuuuuuri_ya

After **49** kg　　産後ダイエット Before **73** kg

せっかく10万以上するフォトツアー申し込んだのに、撮ってもらった写真に愕然…。
小学生の頃から「デブ」と言われてきた私。
「一生このままなのかな…そんなのやだな」と本気でボディメイクを始めました。
なるねぇの二の腕ヤセを毎日こなして、1ヶ月半で左の右側の写真の細さまでヤセました！
何より、ハミ肉が消えたことに感動！本気でボディメイクしようと思ったきっかけが【妊娠】。
妊娠中は、赤ちゃんと私自身のためにたくさん食べて栄養をつけていました。
出産して1ヶ月後にお医者さんからの許可が下りてからボディメイクを再開！息子が寝ている隙間時間を活用。
起きてすぐや寝る前に、ストレッチや足パカ。まず起きてすぐ、二の腕ヤセと、ヒップアップを習慣に。
(息子を膝に乗せてダンベル代わりに。息子も嬉しそうにニコニコしてて、 スキンシップの時間にもなった)
以上を意識して運動することで無理なく約−24kgに…！！！
ボディメイクを始めてから新しい発見がいっぱいありました。
服を選ぶのも楽しいし、背筋を伸ばして堂々と歩けるようになったと思っています。私が笑顔になれることで、
息子の笑顔にもつながるので、本当にボディメイクを始めてよかったです。

なるねぇコメント

ゆうりさん、ニコニコの息子くんとダイエットをしているところを
想像すると、私までニヤニヤ…ヤセたのはもちろん、
笑顔も3倍増しで素敵に…自慢のママだ

エントリーナンバー ❤ **6 ちっちさん(38歳)** Instagram：@juri06151027

After **57**kg　　Before **85**kg

SIRETTO YASE GRAND PRIX

コロナ禍で、息子のバスケチームとバスケしてヒザが耐えられず骨折ヤバいヤセなきゃと思いつつもなかなかヤセず。
そんな時に新しい推しができて、推しの「女子のぜい肉は無理」発言に慌ててダイエット方法を探し、
なるねぇにたどり着き−28kgに成功！
本当はあと3kg減らしたい‼ 今は、なるねぇの動画を1日7本してます。

なるねぇコメント

ちっちさん、息子さんと推しへの愛で変わったちっちさんカッコいい…
服装もめっちゃオシャレでかわいくなって、
私もめっちゃ嬉しくなったなぁ
目標の残り−3kgも一緒にがんばりましょう

CHAPTER 5

ポジティブ思考こそキレイをつくる最高のツールの巻

ダイエットもハッピーに楽しく！　はなるねぇのコンセプト。
どんなことを考えればいいのかの答えはここに♡

なるねぇのポジティブ金言 5

待ってろよ！
今日より
カワイイ
明日の自分！

ダイエットからプラベまで♡
いろんな質問でなるねぇをまるはだか

なるねぇのアレコレを知る
100のQ&A

いつでも本気のなるねぇが100の質問にガチ回答！
美脚ならぬ美文字にもご注目を♡

Q11 カラオケで
よく歌う曲は？
青春、少年よ

Q12 好きな男性の
タイプは？
おもしろい人

Q13 理想のプロポーズは？
食器洗ってる時に
プロポーズされたい…

Q14 ダイエット中でもやめられ
ないほど好きな食べ物は？
甘いもの。アイスが大好き…。

Q15 理想のデートは？
家でポテチ食べながら
映画みる。

Q16 どうしても克服できない
苦手なものは？
ゴキブリ

Q1 生年月日は？
1998年7月26日

Q2 血液型は？
B型

Q3 なるねぇの
名前の由来は？
本名の「なる」と、
みんなの「お姉」ちゃん
って感じ笑

Q4 小さい頃の夢は？
イケメンと結婚すること

Q5 長所は？
コミュ力高め

Q6 短所は？
寝起きがモンスター

Q7 性格をひとことで
あらわすと？
おっちょこちょい

Q8 チャーム
ポイントは？
口

Q9 動物に自分を
例えると？
トラ

Q10 コンプレックスは？
脇汗をめっちゃかく。

Q26 ライバルは誰？
昨日の自分.

Q27 よく見るYouTubeは？
もちまる日記

Q28 好きな芸能人は？
石原さとみ

Q29 消したい黒歴史はある？
小学校の時に、クラスの男子全員にお尻を見られたこと。笑

Q30 最近泣いたのはいつ？
昨日。小指をドアにはさんだ。笑

Q31 SNSをはじめたきっかけは？
ダイエットに悩む女の子たちを励ましたかった。

Q32 なるねぇにとってダイエットとは？
明日の自分をもっと輝かせる手段。

Q17 睡眠時間の平均時間は？
6〜7時間

Q18 これだけは誰にも負けないっていう強みは？
やり始めたら、集中モードに入るやつかな…笑

Q19 はじめてやったダイエットはなに？
断食。

Q20 ダイエット中いちばんの誘惑は？
SNSに出てくるウマそうなスイーツ 汗

Q21 自分の人生にいちばん影響を与えた人は？
妹（まいまい）

Q22 怒るとどうなる？ 泣く…笑

Q23 悲しくなるとどうなる？
部屋をまっくらにして、体操座り。

Q24 人生のモットーは？
今日よりカワイイ明日の自分.

Q25 ストレス解消法は？
アイスを両手に 映画見る。

Q45 新しいダイエット法はどうやって思いつくの?

ダイエットを、どうやったら楽しくできるかと考えていたら.思いつく!

Q46 なんだかんだダイエットに必要なことって?

失敗を恐れないこと◡̈。

Q47 毎日食べてもあきない低カロリー食は?

きゅうり!

Q48 なるねぇ的ダイエットの理想的な朝ごはんとは?

朝は好きなもの食べる!!

Q49 なるねぇの理想のボディサイズは?

峰 不二子

Q50 半分までできたので、なにか秘密をひとつ暴露してください!

1週間おふろ入らない!

Q41 家族構成を教えて!

父、母、妹3人、姫ちゃん まるちゃん(犬)

Q42 地元ってどんなところ?

人が多い!!

Q43 10年後の自分はどうなっていてほしい?

子供と緑が多い場所を散歩していて!!

Q44 ついついやっちゃうクセってある?

骨をならす。

Q33 YouTube と Instagram と TikTok、いちばん好きなのは?

Youtube!

いっぱい話せるし、それにコメントが来るのが好しい☺

Q34 好きな人ができると、恋するなるねぇはどうなる?

その男で.頭がいっぱいになる。笑

Q35 人に言われていちばん傷ついた言葉は?

アンパンマンみたいな顔。象みたいな足。

Q36 人に言われていちばんうれしい言葉は?

見てたら.元気もらえる!!

Q37 いちばんの宝物は?

姫ちゃん まるちゃん(犬)

Q38 最近のマイブームは?

散歩

Q39 好きな四字熟語は?

天真爛漫

Q40 無人島に持っていくもの3つ教えて!

スマホ、ライター、お母さん 笑

Q961 YouTubeをはじめて変わったことは？

色んな所で声をかけてもらえるのが1番嬉しい！

Q962 いつも明るいなるねぇが落ち込むのはどんなとき？

姫ちゃんに、顔の横でオシッコされた時。

Q963 告白はされるのとするのとどっちがいい？

されたいよぉ～

Q964 ぶっちゃけ……モテる？

モテる!!、て信じてる!! 笑

Q965 LINEの友だちの数は何人？

50人くらい！

Q966 1日何時間ぐらいスマホを見ている？

10時間以上…。youtubeのコメント見てる☆

Q967 ヒマなときは何してる？ ねる！

Q957 宝くじが1億当たったらどう使う？

お母さんと世界一周する!!

Q958 好きなファッションは？

大人系っ笑

Q959 洋服を選ぶときにいちばん大事にしていることは？

値段

Q960 愛とお金、勝つのはどっち？

愛とお金は裏切るけど、ダイエットは裏切らない!!

Q951 最後の晩餐に食べるなら？

焼肉とラーメン

Q952 占いは信じるタイプ？

めちゃめちゃ信じる

Q953 プライベートでよく遊びに行く場所は？

カラオケ・温泉

Q954 プライベートで挑戦してみたいことは？

バンジージャンプ

Q955 ダイエット以外で続けられる自信があるものは？

読書

Q956 タイムマシンがあったらいつの時代に行く？

戦国時代

Q78 笑っちゃうほど失敗したダイエット法は？
バナナだけダイエット。バナナ嫌いになりそうだった。汗

Q79 よく使う絵文字ってある？
 ぴえんマーク

Q80 いますっごく欲しいものは何？
時間

Q81 寝るときの体勢は？
横向いちゃう！

Q82 朝起きていちばんにすることって？
水のむ

Q83 夜寝る前に最後にすることって？
はみがき

Q84 いつも絶対に持ち歩いているものは？
サイフ、携帯、リップ。

Q85 ダイエット中にいちばんよく食べている食材は？
納豆。

Q73 ヘアのこだわりってある？
お風呂から上がったらすぐ乾かす。

Q74 メイクのこだわりってある？
まつげ!! 左右対称になるように♡

Q75 お肌のスキンケアのこだわりは？
肌荒れしやすいので、保湿すること！

Q76 MAX体重の57kgのときいちばん困っていたことは？
笑った時の男美が盛れない。

Q77 ダイエットをしてよかったぁと心底感じたのは？
自分が着れる服を妥協して選ぶんじゃなくて、自分が着たい!!と思った服を着れるようになった時。

Q68 一生太らないとしたら、どんなムチャをする？
焼肉、アイス、カップラーメンでエンドレス…

Q69 ダイエットをするうえで大事な気持ちは？
「今日だけ頑張ろ」

Q70 ダイエット動画を撮るコツって？
ななめ上から！

Q71 体の中で一番太りやすいのはどこ？
お腹

Q72 部屋の見取り図を書いてみて♡

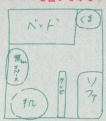

Long Interview

なるねぇの
ちょっと長いけど
みんなに話したい本音と軌跡

いつもポジティブで明るいなるねぇだけど、ここに至るまでの道のりはイロイロ。
いまの思いをセキララに語ります♡

わがままだった幼少期、そして学生時代の なるねぇ♡

—小さい時はどんな子だった?
「わがまま(笑)。一人っ子時代はあまり覚えてないけど、気づいた時には妹が3人生まれてました。妹達に手がかかるから仕方ないんだけど、私はけっこう放置されてたのかも。「野生で育ったの?」って言われるくらいわんぱくな子でした。小学生の時には〝凶暴女〟って呼ばれてたことも(笑)。

—姉妹が多いことで、色々思うことってあった?
「両親に構ってもらえてうらやましいなぁっていう感情はあった。とくに末っ子のまいは昔から頭も良くて、運動もできるクラスの中心にいるタイプ。私のすぐ下の双子の妹達は、ほぼ〜んとしているからまいと比べられることが多かった。だから「このままじゃやばい。何か突き抜けなきゃ」と思ってました。

—中学生時代はどんな子だった?
「応援団長をしてたり、女子校なのに後輩からラブレターをもらったり、かなりスポーティーなタイプだったんですよ(笑)。女のコらしいというよりかは、ボーイッシュでした! いまみたいにキレイになりたーいとか素朴な中学生でしたね」

—出身は?
「生まれたのは東京ですが、すぐに福岡に引っ越しました。すごく緑が多い田舎で高いビルなんて全然ない」

—では、高校生になってからは?
「高校1年生のとき、まわりがすごい勉強しているのに自分はそんなにしていなかったから、勉強しておいていかれちゃったんです。そこからかな、人と比べるようになったのは……。勉強もできないし、運動もそこまでできるわけじゃない、じゃあ私には何があるんだ? って。人と比べるクセができたのが高校生のときです」

初ダイエットで摂食障害一歩手前に ターニングポイントは19歳のとき

—高校時代はそのまま体型をキープした?
「高校3年生の時に担任から「この成績では進学が難しい」と言われたんです。そこから毎日受験勉強をするようになったんですが、ストレスによる過食で気に20kgくらい増量。だけど努力の甲斐あって偏差値を20〜30上げて、第一志望の福岡の西南学院の英文学科に入学することができました。基本的に負けず嫌いだし、性格はストイック。高校1、2年は鬼ヤンキーだったけど、高校3年になってからは勉強漬けに転身しました(笑)

—ターニングポイントは?
「大学入学のタイミングで一人暮らしを始めて、当時の彼氏と同棲生活を始めたんです。その人がぽっちゃり好きで『今のままでいいじゃん。カワイイよ』って甘やかしてくれたんですよね。だけどある日突然『お前と住める奴はいないと思う』って言って出て行ったあげく、すぐにすっごく細い子と付き合って「こいつ今に見とけ」って闘志に燃えました。あともう1個あって…大学に入ったらカワイイ子しか周りにいなくて。私は太ってたし、服装も芋っぽいわで自信がなかったから人に話しかけられなくて大学に行けなくなったんですよ。周りの子のSNSを見るとみんなハッピーに過ごしてて、彼氏に振られたしなんでこんな人生なんだろう…。『私、楽しくないなぁ』って何してるの?と自問自答した結果、ダイエットの方法を変えて再チャレンジしようという結論に行き着いたわけです! どちらも19歳くらいの出来事です」

—まずどんなダイエット方法を試した?
「食事制限も辞めたし、体重計も捨てました。最初は毎日体重を測ってたんだけど、「昨日あんまり食べてないのになんで減ってるの?」ってムカついちゃって体重計を投げたりしてたから(笑)。そこで学んだことが数字にとらわれないこと…

—ダイエットを始めたのはいつから?
「初めてダイエットをしたのは高校1年生。朝も昼も夜も食べなかったし、1週間断食したこともあってもうカリカリで「ヤセているのが正義!」と信じ込んで細いのが正義、ですよ。

大学を卒業して選んだ道は就職じゃなくて、YouTube!

—YouTubeを始めたのはいつ?
「YouTubeは大学4年生だった2020年1月12日…あ、ちゃんと大学は卒業しましたよ(笑)。ちなみに最初はYouTubeではなくて最初はTikTokからスタートしたんです。美容系のSNSをいっぱい見てたけど、しっくりこなかったので発信側にまわることに決めました。ただ多くの人に情報を届けるには自分一人の力じゃ無理だと壁にぶち当たってしまって。その時、まいに「早く行きたければ一人で行け、遠くに行きたいんだったらみんなで行け」と言われて、多くの人にダイエットの楽しさを伝えるためには人を巻き込んだほうがいいって感じたんです。そこで短い動画しか上げられな…

TikTokから、伝えたい情報を余すことなく伝えられるYouTubeに本格的にシフトしました！ そのタイミングでまいが裏方として協力してくれることになったんです

— YouTubeの再生回数は最初の段階から伸びたの？

「全然！ YouTubeの再生回数はいっても1000回くらいで厳しい世界だなって。ま

いと話し合い、新規の爆発的な拡散力を得るならTikTokだって結論になって再びTikTokにも力を入れ始めました。ようはTikTokで拡散してYouTubeに飛んでもらう作戦です。動画の内容には絶対的な自信があったけど、新規の人に見てもらえなかったら意味がないから」

— YouTubeを辞めたいと感じたことは？

「初期のタイミングでアンチコメントがめっちゃ来て、マジで辞めたいと思った。『細くないのにダイエッター気取るな』、『ブスが普通になったくらいで調子に乗るな』とか容姿に対しての内容ばかりで心が折れちゃった。ちょうど私のファン

の方の投稿がバズったんですけど、そのコメント欄を見たら『なるねぇこいつを好きって言ってる奴は信者』『気持ち悪い』とか書かれていて……。なんで私のことを好きって言ってくれる人まで叩かれてるんだろうって申し訳なくなった。自分へというよりは、私のファンへのアンチで結構病みましたね。それが2021年の7月くらいかな」

— どうやって折れないように気持ちを立て直した？

「好きな人を大事にすることだけにフォーカスすると決めてからですね。何事もポジティブに変換して、自分の弱いところも受け入れていこうって思いました！」

— ソーラン節に合わせたエクササイズなど〝笑えるダイエット〟に辿り着くまでのエピソードがあれば。

「足パカがダイエットに効果があるのは有名だけど、私の場合は本当に続かなくて。どうやったらいいのか試行錯誤した結果、音楽に合わせてやってみようとなったんだけどおしゃれな洋楽とかじゃ調子が乗らない（笑）。そこで試しにソーラン節に合わせて足パカしてみたらんか続いた（笑）。たまたま生まれたんですが共有もされ見事にバズった(笑)。小さい時からお笑いは好きだったけど、ネガティブをいかにポジティブに切り替えるかというのと同じで面倒なことを楽しく変換できるか考えるのが癖。楽しいことを思いついたら友達に話したくなるじゃないですか。日々それをそのままYouTubeに上げてる感じです(笑)」

Happy

いつも味方の大好きな妹とこれからもいろんな挑戦をしたい♡

―なるねぇにとって妹のまいさんとは?

「相方というより、愛方。愛情の"愛"の意味を込めて愛方。ひまわりって太陽の光がないと大きく成長できないですよね。私がひまわりだとしたら、まいは太陽。太陽の存在がないと咲けない。いつまでも一緒にいてほしい存在です。私は無意識に人を傷つけてしまうこともあるけど、まいは本当に純粋な子で家族に生まれてラッキー(笑)」

―今の自分があるのはまいさん、そして何のおかげ?

「断食した時の失敗かな。失敗するのが怖い』ってDMをよくもらうんだけど、1回失敗しちゃえば経験になる。私が伝えたいのは失敗を失敗ととらえないってことですね。現に今私を輝かせているものって、ダイエットの失敗経験から成り立っているから。私は『まよゴー』と言ってるんですが、迷ったらゴー!『私なんか』って自分に時間を与えてしまうと、ますます迷いが生じるだけ。試行錯誤を繰り返してきたけど今の私は完璧主義でなくて最善主義。今

自分のベストを尽くすのみです!!」

―今後やってみたいことは?

「改善の余地がないほど満足できるダイエットや自分磨き方法を世の中に出していきたいですね。まいと私は『もっとこうしたらいいのに』って考え込んじゃう癖があるので、逆にこの癖を活かして広げていけたらあとダイエットってやりたくないことにカウントされがちな存在だし、マイナスイメージが強くないですか。そこをプラスに持っていける存在になりたいと思っています。体重を減らすだけじゃなくて、明日の自分を輝かせるためっていうのかな。イメージ向上できたら嬉しくて死ねるかもしれません(笑)」

―最後に読者にメッセージをお願いします!

「今日よりカワイイ明日の自分を目指すために頑張る女の子達の笑顔の総量を増やしたいと思っているので、コメント欄で名前も顔も知らない視聴者さん同士が励まし合ってるのを見ると幸せな気持ちになります。そういうコンテンツに関われてて本当に幸せなことだなっていつも話しているんです!」

おわりに

最後まで読んでくれてありがとう。
ダイエットのお守り本を作るのが
夢だったから、めっちゃ嬉しいです♡

なるねぇを見つけてくれて
この本に出会ってくれて
いつも応援してくれて
本当にありがとう ♥♥

なるねぇに出会って、「もっと自分を好きになれた！」
って言ってもらえるように
これからも頑張りたい。
待ってるよ！今よりカワイイ明日の自分！
また明日ね♡

なるねぇ　narunee
1998年7月26日、福岡県生まれ。摂食障害などの失敗を含め20kgの増減を経験。YouTubeチャンネル「なるねぇ【笑けるダイエット】」はわずか開設10ヶ月で登録者100万人を突破し、大人気動画「足パカソーラン節」は4000万超の再生を記録。まさに飛ぶ鳥を落とす勢いの新進気鋭ダイエットインフルエンサー。

yt.be/narunee

7日間（なのかかん）で太（ふと）もものすき間（ま）ガン開（びら）き

しれっとヤセてく魔法（まほう）の脚（あし）ヤセ

2023年3月9日　初版発行

著者／なるねぇ

発行者／山下 直久

発行／株式会社KADOKAWA
〒102-8177　東京都千代田区富士見2-13-3
電話 0570-002-301（ナビダイヤル）

印刷所／凸版印刷株式会社

本書の無断複製（コピー、スキャン、デジタル化等）並びに
無断複製物の譲渡及び配信は、著作権法上での例外を除き禁じられています。
また、本書を代行業者などの第三者に依頼して複製する行為は、
たとえ個人や家庭内での利用であっても一切認められておりません。

●お問い合わせ
https://www.kadokawa.co.jp/（「お問い合わせ」へお進みください）
※内容によっては、お答えできない場合があります。
※サポートは日本国内のみとさせていただきます。
※Japanese text only

定価はカバーに表示してあります。

©narunee 2023　Printed in Japan
ISBN 978-4-04-897415-8　C0077